Die kleine Bibliothek

Was MÄNNER über FRAUEN denken

arsEdition

Gestaltung: Diane Stevenson, Snap-Haus Graphics
Redaktion dieser Ausgabe: Corinna Gellrich
Textauswahl: Elke Hesse
Umschlaggestaltung und Herstellung:
Harald Meyer
ISBN: 3-7607-8605-7

www.arsedition.de

Einleitung

Männer und Frauen sind grundlegend verschieden. Das ist eine uralte Erkenntnis. Die Ursachen dafür sind von Wissenschaftlern mittlerweile genauestens erforscht. Für jeden Einzelnen von uns liegen die Verhaltensweisen des anderen Geschlechts allerdings immer noch weitgehend im Dunkeln. Eine wenn auch etwas eigenwillige Erklärung dafür hat der amerikanische Paartherapeut John Gray geliefert, der behauptet: »Die Frauen kommen von der Venus, die Männer kommen vom Mars.«

■ MÄNNER ÜBER FRAUEN ■

Tatsächlich zerbrechen sich Männer schon seit Jahrtausenden den Kopf über das weibliche Geschlecht und gelangen dabei immer wieder zu erstaunlichen Ansichten, wie die folgende Auswahl humorvoller, tiefsinniger und zuweilen bissiger Bemerkungen über Frauen beweist.

Von

Für

Ich liebe den Umgang mit Frauen. Ich liebe ihre Schönheit, Zartheit, Lebhaftigkeit und ihr Schweigen.

Samuel Johnson

Eines Weibes Bitte, das schön ist, kann die Steine ja erwärmen.

Lope de Vega

Schwachheit – dein Name sei Weib!

William Shakespeare

Eine gefühllose Frau ist eine Frau,
die den Mann, den sie lieben muss,
noch nicht gesehen hat.

Jean de la Bruyère

Wegen der Männer können sich
Frauen nicht leiden.

Jean de la Bruyère

Wenn eine Frau des Schweigens Gabe zeigt
An Wert sie weit die Allgemeinheit übersteigt.

Pierre Corneille

Zur List sind alle Weiber überaus geschickt.

Euripides

Es gibt keine Frau, deren Besitz so kostbar ist wie die Wahrheiten, die sie uns enthüllt, indem sie uns leiden macht.

Marcel Proust

O wie vieler Frauen herrliche Taten liegen im Verborgenen.

Seneca

Man muss dem Weib keine Rechte, nur Privilegien einräumen. Sie wollen diese auch lieber als jene.

Christian Friedrich Hebbel

Männer über Frauen

Das Weib ist stets schwankend und unstet.

Vergil

Die meisten Frauen gehen vor wie die Flöhe: sprungweise und in willkürlichen Sätzen.

Honoré de Balzac

Bei dem Mann liegt die Kraft im Gehirn, bei der Frau im Herzen; und wenn der Kopf auch regiert, so ist es doch das Herz, welches gewinnt.

Smiles

Frauen haben in ihrem Umgange in der Tat Rücksichten zu nehmen, die bei uns gänzlich wegfallen. Sie hängen viel mehr vom äußeren Rufe ab, dürften nicht so zuvorkommend sein. Man verzeiht ihnen einerseits weniger Unvorsichtigkeiten, andererseits mehr Launen …

Adolph von Knigge

Die Verwandte der weiblichen Rede ist die Konfusion.

Miguel de Cervantes

Lass dich von keinem Weib mit prunkenden Hüften betören.

Hesiod

Entweder liebt das Weib oder hasst – ein Drittes gibt es bei ihm nicht.

Publius Syrus

Die Natur hat den Frauen nur ein Mittel gegeben, sich zu verteidigen und zu schützen – die Verstellung; diese ist ihnen angeboren und ihre Verwendung so natürlich wie für das Tier die Anwendung seiner Waffen ...

Arthur Schopenhauer

Frauen zu ehren ist eine Schuld, zu der jeder Ehrenmann von Geburt an verpflichtet ist.

Lope de Vega

Wenn Frauen jung und schön sind, so haben sie die Gabe, es zu wissen.

William Shakespeare

In der Liebe haben alle Frauen Geist.

HONORÉ DE BALZAC

Die Frau riecht am besten, die nach gar nichts riecht.

CICERO

Man kann Frauen finden, die noch niemals eine Liebschaft gehabt haben, aber selten solche, die bloß eine hatten.

La Rochefoucauld

Bei jeder Frau ist Adel des Herzens wichtiger als äußere Schönheit.

Kaibara Ekken

Die galante Frau erregt Besorgnis, die kokette Hass.

Jean de la Bruyère

Sagt eine Dame »Nein«, so bedeutet das »Vielleicht«, sagt sie »Vielleicht«, dann denkt sie dabei »Ja«, sagt sie »Ja« – ist sie keine Dame.

Charles Maurice de Talleyrand

Mitunter liebt eine Frau ihr Geld mehr als ihre Freunde und ihre Liebhaber mehr als ihr Geld.

Jean de La Bruyère

Es soll uns eine Frau wie ein Buch vergnügen; wer aber will denn nun stets über Büchern liegen?

Johann Christian Günther

Alle Völker, die Gesittung hatten, haben die Frauen geachtet.

Jean-Jacques Rousseau

Die Natur rüstet das weibliche Geschlecht zur Liebe, nicht zu Gewaltseligkeiten aus; es soll Zärtlichkeit, nicht Furcht erwecken; nur seine Reize sollen es mächtig machen, nur durch seine Liebkosungen soll es herrschen und soll nicht mehr beherrschen wollen, als es genießen kann.

Gotthold Ephraim Lessing

Denn das ist und bleibt wahr: eine Frau, so schwach sie ist, ist durch das Gefühl, das sie einflößt, stärker als der stärkste Mann.

Giacomo Casanova

Männer über Frauen

Die beste Frau ist die,
von der man am wenigsten spricht.

Thukydides

Wer Weib sagt,
sagte zuerst Wandelbarkeit.

Calderón de la Barca

Man sehe die Geschichte, und man wird finden, dass, wenngleich die Weiber nicht regierten, alles doch durch sie regiert wird.

Theodor Gottlieb von Hippel

Niemals rede schlecht von Frauen;
Denn ich sags dir, auch die letzte
Ist der Achtung wert, weil sie
Ja es sind, durch die wir leben.

Calderón de la Barca

Die schönen Weiber werden heutzutage mit unter die Talente ihrer Männer gerechnet.

Georg Christoph Lichtenberg

Ob aber ein fröhliches Mahl überhaupt ohne Frauen denkbar ist, lasse ich unentschieden.

Erasmus von Rotterdam

Die Frauen sind immer ein wenig selber schuld, wenn die Männer sich zu viel herausnehmen. Man muss dem Männergeschlecht wohl Recht geben, aber nicht recht lassen.

Johann Wolfgang von Goethe

Je tapferer und gesitteter ein Volk war, desto mehr hat es die Weiber geehrt.

Theodor Gottlieb von Hippel

Ein Tor ist immer willig, wenn eine Törin will.

Heinrich Heine

Die Natur hat die Frauenzimmer so geschaffen, dass sie nicht nach Prinzipien, sondern nach Empfindungen handeln sollen.

Georg Christoph Lichtenberg

Denn das Naturell der Frauen
ist so nah mit Kunst verwandt.

Johann Wolfgang von Goethe

Ehret die Frauen,
sie flechten und weben
himmlische Rosen ins irdische Leben.

Friedrich Schiller

Der weibliche Charakter wird so oft nicht verstanden, eben weil es die schöne Natur des Weibes ist, seine Seele zu verhüllen wie seine Reize.

August Wilhelm Schlegel

Allein auch in Frauen bewahrt das Alter vieles, was man in ihrer Jugend vergebens suchen würde und was jeder Mann von Sinn und Gefühl vorzugsweise schätzen wird.

WILHELM VON HUMBOLDT

Die Frauen, die mit ihrer Schönheit zufrieden sind, überlassen sich dem Vergnügen mit mehr Hingabe als andere.

JOSEPH JOUBERT

Männer über Frauen

Die Weiber wollen keine Verhältnisse, als ewige.

Christian Friedrich Hebbel

An Weibern ist alles Herz, sogar der Kopf.

Jean Paul

Mit den Frauen ist die Liebe und mit der Liebe sind die Frauen entstanden, und darum versteht man keins ohne das andere.

Novalis

Von einer verliebten Frau kann man alles erwarten, alles voraussetzen.

HONORÉ DE BALZAC

Wer die Frau nicht stark und mächtig umfängt, wird von ihr weder geachtet noch geliebt. Er langweilt sie, und Langeweile ist bei ihr nicht fern von Hass.

JULES MICHELET

Die Verhältnisse mit Frauen allein können doch das Leben nicht ausfüllen und führen zu gar zu vielen Verwicklungen, Qualen und Leiden, die uns aufreiben, oder zur vollkommenen Leere.

Johann Wolfgang von Goethe

Des Weibes Macht und Herrschaft liegt im Gemüte.

Jeremias Gotthelf

Eine Frau, die einen Ehemann sucht, ist das gewissenloseste aller Raubtiere.

George Bernard Shaw

Wer ohne Weiber könnte sein,
wär frei von viel Beschwerden,
wer ohne Weiber könnte sein,
wär aber nicht viel nütz auf Erden.

Friedrich von Logau

Die Frauen sind ein liebliches Geheimnis.
Nur verhüllt, nicht verschlossen!

Novalis

Sie war nicht liebenswürdig, wenn sie liebte, und das ist das größte Unglück, das einem Weibe begegnen kann.

Johann Wolfgang von Goethe

Ein Weib ist ein Komma, ein Mann ist ein Punkt; hier weißt du, woran du bist, dort lies weiter!

Theodor Gottlieb von Hippel

Die Frauen kommen von der Venus, die Männer kommen vom Mars.

John Gray

Ob die Weiber so viel Vernunft haben als die Männer, mag ich nicht entscheiden; aber sie haben ganz gewiss nicht so viel Unvernunft.

Johann Gottfried Seume

Denn es ist den Frauen angeboren, die Neigungen der Männer genau zu kennen.

Johann Wolfgang von Goethe

Die gesamte Vernunft der Männer ist nicht ein Gefühl der Frauen wert.

Voltaire

Das Weib lernt hassen in dem Maße,
in dem es zu bezaubern verlernt.

Friedrich Nietzsche

Das höchste von allen Gütern ist der
Frauen Schönheit.

Friedrich Schiller

Jeder, der etwas von der Geschichte weiß, weiß auch, dass große gesellschaftliche Umwälzungen ohne das weibliche Ferment unmöglich sind.

Karl Marx

Eine Frau ist wie ein Buch, das immer,
mag es gut oder schlecht sein, zunächst
durch das Titelblatt gefallen muss.

Giacomo Casanova

Frauen misstrauen Männern im
Allgemeinen zu sehr
und im Besonderen zu wenig.

Gustave Flaubert

Nur der verdient die Gunst der Frauen,
der kräftigst sie zu schützen weiß.

Johann Wolfgang von Goethe

Je menschheitlicher ein Volk, je größer die Huldigung des weiblichen Geschlechts.

Friedrich Ludwig Jahn

Die Macht der Frau kann man unterschätzen, nie überschätzen.

Jean Paul

Weiblichkeit ist die Achse der Erde und die Milchstraße am Himmel.

Ludwig Börne

Nichts in der Welt ist so unvorteilhaft für eine Frau als ein nicht anpassungsfähiges Gewissen.

Oscar Wilde

Wo ein Mann nach einem Auswege sucht, hat ihn die Frau meist schon gefunden.

Karl Peltzer

Ein edler Mann
wird durch ein gutes Wort
der Frauen weit geführt.

Johann Wolfgang von Goethe

Die Frauen haben nicht Unrecht, wenn sie sich den Vorschriften nicht fügen wollen, welche in der Welt eingeführt sind; weil die Männer sie verfasst haben, ohne die Frauen zu fragen.

Michel Eyquem de Montaigne

Die Überzeugung einer Frau ist nicht so veränderlich; sie entsteht langsam, nicht leicht; entstand sie aber einmal, so ist sie weniger leicht zu erschüttern.

Otto von Bismarck

Männer über Frauen

Das glückliche Weib liebt schwächer
als das unglückliche.

Karl-Johann Braun von Braunthal

Alle Menschen,
ausgenommen die Damen,
spricht der Weise, sind mangelhaft.

Wilhelm Busch

Vielleicht hat die rein physische Wirkung einer schönen Frau ihre Grenzen, während der seelische Reiz einer leidlich hübschen Frau unerschöpflich sein kann.

HONORÉ DE BALZAC

Fehlender Respekt vor Frauen ist immer das sicherste Zeichen von Sitten-entartung.

CHARLES DE MONTESQUIEU

Lieben uns die Frauen, so verzeihen sie uns alles, selbst unsere Vergehen; lieben sie uns nicht, so verzeihen sie uns nichts, selbst unsere Tugenden nicht.

Honoré de Balzac

Frauen haben mehr Frauen verdorben,
als sie Männer geliebt haben.

Honoré de Balzac

Dämonisch ist das Weib,
dessen Reiz noch fortwirkt,
während man es schon verachtet.

Friedrich Theodor Vischer

Die Frauen sind eben die Musik des Lebens: Sie nehmen alles offener und unbedingter in sich auf, um es durch ihr Mitgefühl zu verschönen.

Richard Wagner

Frauen haben die Tugend, immer auf ihr erstes Wort zurückzukommen.

Theodor Fontane

Wenn die Frau ein Meisterwerk ist,
übertrifft sie alle Kunsterzeugnisse.

Edmond & Jules de Goncourt

Berechnende Frauen werden lästig,
anständige langweilig.

Oscar Wilde

Die Bestimmung der Frau ist zuallererst die Bestimmung des Menschen überhaupt.

Lew N. Graf Tolstoi

In dem Augenblick, in dem man eine Frau »sein Eigen« nennt, ist sie es schon nicht.

Peter Altenberg

Es gibt gewisse Dinge, wo ein Frauenzimmer immer schärfer sieht als hundert Augen der Mannspersonen.

Gotthold Ephraim Lessing

Man kann eine Frau nicht hoch genug überschätzen.

Karl Kraus

Gott will den Mann als Mann und die Frau als Frau und will, dass jeder von ihnen ein Mensch sei.

Paracelsus

Sobald die Frauen anfangen, uns gleich zu sein, sind sie uns überlegen.

Cato

Es ist absolut sinnlos, die Frauen verstehen zu wollen, wo doch ihr Hauptreiz in der Unergründlichkeit liegt.

Alfred Hitchcock

Die Frauen haben wenig Verstand,
aber sehr viel Vernunft.

George Bernard Shaw

Frauen würden noch reizender sein,
wenn man in ihre Arme fallen könnte,
ohne in ihre Hände zu fallen.

Ambrose Bierce

Frauen wollen nicht nur erobern, sie wollen auch erobert werden.

William Makepeace Thackeray

Ein Mann kann mit jeder Frau glücklich werden, solange er sie nicht liebt.

Oscar Wilde

So schlecht ein Mann auch über die Frauen denken mag, es gibt doch keine Frau, die über diesen Gegenstand nicht noch schlechter dächte als er.

Chamfort

Liebe gleicht die natürliche Feindschaft aus zwischen Mann und Weib.

Christian Friedrich Hebbel

Was eine Frau quält, ist weit weniger die Tyrannei des Mannes als seine Kälte.

Jules Michelet

Eine Frau, die einem Mann ähnlich sein möchte, ist ebenso monströs wie ein weibischer Mann.

Lew N. Graf Tolstoi

Nie darf man einer Frau trauen, die einem ihr wahres Alter verrät. Eine Frau, die das tut, ist fähig, alles zu verraten.

Oscar Wilde

Eine Frau fragt selten um Rat, ehe sie ihr Hochzeitskleid gekauft hat.

Joseph Addison

Der wachsende Einfluss der Frauen ist das einzig Beruhigende an unserem politischen Leben.

Oscar Wilde

Die Weiber lieben die Stärke,
ohne sie nachzuahmen,
die Männer die Zartheit,
ohne sie zu erwidern.

Jean Paul

Frauen vereinfachen unseren Schmerz, verdoppeln unsere Freude und verdreifachen unsere Ausgaben.

James Saunders

Die Frau kann ohne den Mann leben, aber der Mann nicht ohne die Frau.

August Strindberg

So ist ein Weib der beste Freund,
dens gibt,
falls ihr sie nicht geliebt habt oder liebt.

Lord Byron